EMG3-0080

合唱楽譜＜J-POP＞

J-POP
CHORUS PIECE

合唱で歌いたい！J-POPコーラスピース

混声3部合唱

卒業写真
（荒井由実）

作詞・作曲：荒井由実　合唱編曲：奥田悌三

●●● 演奏のポイント ●●●

♪やわらかい声で歌いましょう。たっぷり息を使いましょう。

♪「Hum.」や「Ahー」「Uhー」などの表現の仕方を工夫しましょう。息の量やスピード、タイミングやお腹の使い方などを合わせて、雰囲気を変えてみてください。

♪主旋律の16分音符、付点8分音符などシンコペーションのリズムははっきり出しましょう。

♪Fは一番盛り上がる箇所です。各パートの音を聴き合い、タイミングよく歌いましょう。

【この楽譜は、旧商品『卒業写真（混声3部合唱）』（品番：EME-C3021）とアレンジ内容に変更はありません。】

卒業写真

作詞・作曲：荒井由実　合唱編曲：奥田悌三

© 1974 by ALFA MUSIC, INC.

卒業写真（荒井由実）

作詞：荒井由実

悲しいことがあると開く皮の表紙
卒業写真のあの人はやさしい目をしてる

町でみかけたとき　何も言えなかった
卒業写真の面影がそのままだったから

人ごみに流されて変わってゆく私を
あなたはときどき遠くでしかって

話しかけるようにゆれる柳の下を
通った道さえ今はもう電車から見るだけ

あの頃の生き方をあなたは忘れないで
あなたは私の青春そのもの

人ごみに流されて変わってゆく私を
あなたはときどき遠くでしかって

あなたは私の青春そのもの

エレヴァートミュージックエンターテイメントはウィンズスコアが
展開する「合唱楽譜・器楽系楽譜」を中心とした専門レーベルです。

ご注文について

エレヴァートミュージックエンターテイメントの商品は全国の楽器店、ならびに書店にてお求めになれますが、店頭でのご購入が困難な場合、下記PC＆モバイルサイト・FAX・電話からのご注文で、直接ご購入が可能です。

◎PCサイト＆モバイルサイトでのご注文方法
http://elevato-music.com
上記のアドレスへアクセスし、WEBショップにてご注文ください。

◎FAXでのご注文方法
FAX.03-6809-0594
24時間、ご注文を承ります。上記PCサイトよりFAXご注文用紙をダウンロードし、印刷、ご記入の上ご送信ください。

◎お電話でのご注文方法
TEL.0120-713-771
営業時間内に電話いただければ、電話にてご注文を承ります。

※この出版物の全部または一部を権利者に無断で複製（コピー）することは、著作権の侵害にあたり、著作権法により罰せられます。

※造本には十分注意しておりますが、万一、落丁・乱丁などの不良品がありましたらお取り替えいたします。また、ご意見・ご感想もホームページより受け付けておりますので、お気軽にお問い合わせください。